ŒUVRE

DES

BIBLIOTHÈQUES MILITAIRES

DANS

LES FORTS ET CASERNES

POUR L'ARMÉE DE LYON

———————◇———————

LYON

IMPRIMERIE PITRAT AINÉ

RUE GENTIL, 4

—

1875

ŒUVRE

BIBLIOTHÈQUES MILITAIRES

DANS

LES FORTS ET CASERNES

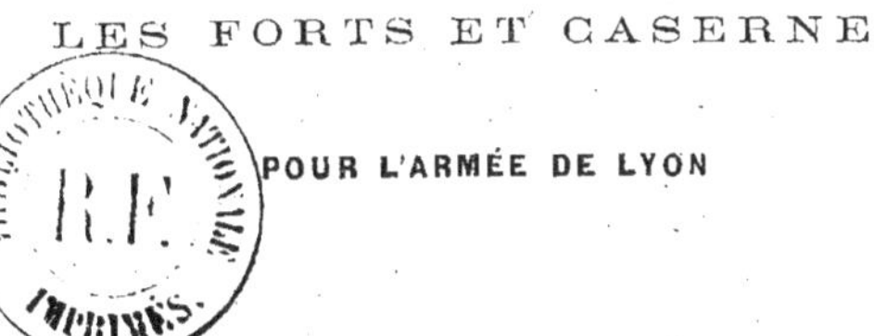

POUR L'ARMÉE DE LYON

--------⋄◇⋄--------

LYON

IMPRIMERIE PITRAT AÎNÉ

RUE GENTIL, 4

—

1875

ŒUVRE

DES

BIBLIOTHÈQUES MILITAIRES

Dans les Forts et Casernes

POUR L'ARMÉE DE LYON

———————◇———————

Messieurs,

Le 20 mai 1873, le comité de l'Œuvre des Bibliothèques militaires pour l'armée de Lyon a, par un premier rapport adressé à ses souscripteurs présents et futurs, fait connaître :

1° L'Origine de l'Œuvre ;
2° Son Organisation ;
3° Son But ;
4° Sa Position financière.

Rien ne s'oppose à ce que notre court rapport, à la fin de l'année 1874, soit tracé sur le même plan.

Origine de l'Œuvre.

Vous vous rappelez qu'en attendant l'organisation des aumôneries militaires, régulièrement fixée par une loi, l'abbé Plasse, désigné par M. le ministre de la guerre comme aumônier volontaire de l'armée de Lyon, s'était efforcé, avec un zèle infatigable, de rendre le séjour dans la caserne plus agréable au soldat, en y créant des bibliothèques choisies, propres à l'instruire ou à le distraire pendant ses moments de loisirs.

Quelques-uns de ses amis, persuadés comme lui que la source de tout sentiment du devoir et particulièrement du vrai patriotisme, c'est-à-dire du dévouement désintéressé à son pays, plus nécessaire au soldat qu'à tout autre, ne peut se trouver que dans la foi religieuse et dans les récits des faits héroïques inspirés par elle, lui ouvrirent leurs bourses pour l'aider à accomplir cet utile projet.

L'autorité militaire approuva et encouragea cet effort; elle désigna pour cet usage certains locaux dans les divers forts ou casernes, sans parler de petites bibliothèques portatives autorisées dans les postes de moindre importance.

Tout cela ne put s'accomplir sans occasionner des frais assez grands qui nécessitèrent la formation d'un comité, spécialement chargé de réunir des ressources suffisantes.

Ce comité, sous le haut patronage de Mgr l'archevêque de Lyon et des évêques des autres diocèses dans lesquels s'étend l'armée de Lyon, a pris à tâche de maintenir d'abord et de développer s'il se pouvait, cette bonne œuvre, jusqu'à ce que l'organisation définitive du service religieux de l'armée lui permît de l'établir sur des bases plus régulières et plus solides.

Ce résultat s'est fait attendre, mais il est devenu maintenant fait accompli.

Deux aumôniers titulaires, MM. Clot et Robert, aidés de deux aumôniers auxiliaires, officiellement investis des pouvoirs indispensables à leur mission, se sont partagés les divers quartiers de notre ville où sont cantonnées des troupes, afin d'être en mesure de mieux répondre aux besoins spirituels de tant de braves gens, dont plusieurs sont nos fils ou nos frères, et qui tous sont les enfants de notre chère France.

Conformément à la loi, il a été pourvu à l'exercice du culte partout où il y a agglomération de troupes, et s'il se manifeste des imperfections ou des insuffi-sances, nul doute que le zèle de NN. SS. les évêques et la sagesse de l'autorité militaire n'y remédient avec empressement.

Organisation actuelle.

La retraite de l'ancien aumônier, qui jusqu'alors avait seul représenté le Comité auprès de l'autorité militaire, et qui, avec une incroyable activité, avait suffi à tous les détails ; la nomination de nouveaux aumôniers, entre lesquels est réparti désormais le service religieux de la place de Lyon et celui des camps qui l'avoi-sinent, auquel a pourvu de son côté Monseigneur de Belley, ont forcément amené le Comité à intervenir directement auprès du respecté et sympathique général Bour-baki, gouverneur de la ville de Lyon. Des états ont été dressés et tout ce qui avait été fourni avec les fonds de l'Œuvre a été reconnu sa propriété et demeure confié, comme par le passé, aux soins et à la surveillance de MM. les aumôniers, qui, d'accord avec les chefs de l'armée, auront à s'entendre avec nous pour la conser-vation et le renouvellement de tout ce qui sera nécessaire à l'existence et au bon usage des bibliothèques. Dans le cas où des faits imprévus viendraient à rendre impossible leur fonctionnement dans l'intérieur des forts-casernes, il est convenu que tous les livres et tout le matériel, appartenant à l'Œuvre, lui seraient rendus, pour qu'elle en dispose à son gré.

Dès lors, un centre est devenu utile pour recevoir les demandes des divers aumôniers, réunir et distribuer les objets achetés et alloués par le Comité, tenir les écritures de l'Œuvre et recevoir les dons en nature qui pourraient lui être faits. Le bureau et les magasins de l'Œuvre sont établis place des Capucins, n° 5. Ils sont ouverts les lundis, mercredis et vendredis, de midi à trois heures, de façon à occasionner le moins de dépenses possible. Nous croyons que nos frais généraux ne dépassent pas 1,000 francs. Toutes les bibliothèques anciennement ouvertes sont maintenues et seront administrées par les nouveaux aumôniers, qui s'occupent en ce moment à nous préparer leurs rapports sur l'état où ils les auront trouvées.

Ainsi que cela a eu lieu jusqu'à présent, un bureau, recruté parmi les souscripteurs les plus actifs, ayant à sa tête un président, un vice-président, un secrétaire, un trésorier et un économe, s'occupera de réunir des souscriptions et de les employer utilement.

But de l'Œuvre.

L'exposé de notre but ne doit renfermer ni malentendu ni faiblesse. Nous l'avons dit, c'est une pensée religieuse et patriotique qui nous dirige. Nous voulons le salut et la gloire de la France, en inspirant et développant le sentiment du devoir parmi nos soldats. S'ensuit-il que nos bibliothèques soient composées de livres de piété qui ne seraient ni lus ni compris par nos lecteurs? évidemment non, des livres instructifs et intéressants y sont seuls admis, mais aucune page irréligieuse ou immorale ne doit y trouver place.

Tous les exemples propres à développer les sentiments élevés et généreux y seront réunis. Tous ceux qui peuvent éveiller et exciter de funestes passions, des idées d'insubordination, de jalousie, de haine ou d'impiété, en seront soigneusement écartés. Aussi, sachant très-bien que l'heure critique pour le soldat est celle que lui présentent ses soirées inoccupées, ferons-nous les plus grands efforts pour que les bibliothèques soient ouvertes le soir. Il faut, pour cela, pendant l'hiver surtout, des dépenses en éclairage de plus; qu'importe! si, pour un sacrifice d'argent, trois ou quatre mille hommes, par soirée, s'occupent utilement, innocemment, au lieu de remplir ces lieux de désordre qui se multiplient fatalement autour des camps et des casernes.

Pour l'homme qui a la foi, pour celui qui réfléchit seulement, éviter à quelques milliers d'enfants de la France l'occasion d'user de leur liberté contre les ordres du Seigneur Dieu, c'est peut-être le disposer à nous restituer ces vertus nécessaires à la prospérité des nations, dont nous paraissons dépouillés aujourd'hui. Quel est donc le père ou la mère de famille qui ne se sentira ému par une telle considération et refusera de nous apporter son obole pour contribuer à un si grand bien ? Quel est l'homme, ayant un cœur de Français, qui refusera de nous seconder ?

L'exposé, qui va suivre, du matériel déjà acquis par le Comité et de l'état financier de l'Œuvre, vous permettra de vous rendre compte de l'importance de ses besoins.

Le bien que nous devons faire ne doit point se borner à notre ville ; comme par le passé, nous continuerons à provoquer la création des bibliothèques militaires dans toute la circonscription de l'armée de Lyon. Ce bien a pu s'accomplir déjà à Bourg, à Pierre-Châtel, à l'Écluse et à Montbrison, au moyen de sous-comités locaux qui nous ont chargés d'organiser leurs bibliothèques sur le modèle des nôtres, mais avec les fonds recueillis par eux. Car nous devons d'abord consacrer nos propres ressources à la création de nouvelles bibliothèques et au soutien des anciennes, dans notre ville et dans les camps les plus voisins.

Avant de vous présenter nos comptes d'argent, il faut transcrire ici l'inventaire du matériel des bibliothèques militaires au moment de la nomination des nouveaux aumôniers.

Détail du Matériel.

Il a été acquis jusqu'ici. . . . . 18,942 volumes
Mais on doit en déduire :
  Volumes usés dans les corps de garde. . . 2,120
  Volumes usés dans les forts ou casernes. . 3,780

             Ensemble. 5,900   5,900 volume

                 Total. . . . . . 13,042 volume

que nous appellerons valides, continuent leur service en ce moment.

Mais il est évident que, plus notre but est atteint, c'est-à-dire plus nos livres sont lus, plus ils s'émiettent et se fondent sous la rude main de nos lecteurs. Dans les corps de garde surtout, les mêmes volumes, étant presque toujours en main, ont besoin d'être renouvelés ou au moins réparés constamment.

Ce n'est évidemment pas trop d'admettre que, pour maintenir seulement nos bibliothèques, il faudrait pouvoir acquérir au moins trois mille volumes neufs par année et en relier le double.

Il est un autre matériel qui se défend mieux que celui dont nous venons de parler. Il s'agit des tables et des bancs, indispensables dans nos bibliothèques. De ce côté, il n'y a donc pas lieu de songer au renouvellement et à peine à l'entretien de soixante-quinze tables de 2 mètres sur 1 mètre, de cent cinquante-deux bancs, de quatre-vingt-sept rayons affectés à l'étalage des livres et de trente-quatre caisses-bibliothèques à un ou deux rayons, pour le service des corps de garde. Ce mobilier a été construit sur des modèles uniformes et peut durer long-temps. Mais si, comme à quelques-uns d'entre nous, il vous était donné d'assister à ces séances du soir dans nos bibliothèques, où vous verriez des centaines d'hommes encore debout et serrés les uns contre les autres, cherchant, en élevant les bras, à poursuivre leur lecture sur des livres ainsi rapprochés de lampes trop rares, vous seriez émus comme d'autres l'ont été, et vous trouveriez bon de concourir plus généreusement encore à tous ces frais, pour que cette foule de lecteurs soit assise, appuyée et mieux éclairée.

Cet éclairage, Messieurs, tel qu'il est établi, est une dépense plus grande qu'on ne le suppose. Nous avons seulement trente-sept lampes, qui s'usent, sans doute, mais qui usent surtout beaucoup d'huile, et cependant notre éclairage est sûrement très-insuffisant.

N'oublions pas qu'un de nos moyens, qui a le mieux réussi à attirer le soldat vers nos livres, a été la fourniture gratuite de tout ce qui lui est nécessaire pour entretenir sa petite correspondance avec sa famille : papier, enveloppes, plumes et encre sont utilisés sur place avec un empressement inimaginable.

Nous indiquerons encore cette foule de petits objets mobiliers, indispensables pour le balayage et l'outillage de nos locaux, frais qui ne doivent pas retomber à la charge des caisses régimentaires.

Vous voyez, Messieurs, que nous avons très-grand emploi d'argent pour pouvoir fournir à nos braves frères de l'armée ce pain de la parole écrite, aussi nécessaire à leurs cœurs et à leurs esprits que la satisfaction des besoins matériels, auxquels pourvoit le budget de la guerre, est nécessaire au maintien de leurs forces physiques.

Voyons donc ce qu'a déjà coûté cette œuvre. Par là vous jugerez du concours qu'il est à propos de lui apporter.

Position financière.

Nous avons établi, page 5 de notre premier rapport, que l'Œuvre avait reçu jusqu'au 20 mai 1873, tant en dons qu'en souscription régulière :

Une somme de	24,913 fr. 05 c.
Nous avons reçu depuis, jusqu'au 31 décembre 1874.	45,619 75
Ensemble.	70,532 fr. 80 c.

Le chiffre de 45,619 75 ci-dessus se décompose comme suit :

Service des bibliothèques.	34,461 fr. 75 c.
Culte et aumônerie.	10,586 36
Solde en caisse.	571 65
Ensemble.	45,619 fr. 75 c.

Si nous remontons au chiffre total de 70,532 80, dépensé depuis la fondation de l'Œuvre, nous voyons :

Que le service des bibliothèques a coûté.	52,096 fr. 55 c.
Le culte et l'aumônerie.	17,864 60
Solde en caisse.	571 65
Somme égale. . . .	70,532 fr. 80 c.

Pour faire face à cette dépense, nous avons reçu :

En dons et souscriptions.	50,512 fr. 80 c.	
En dons avec affectation particulière.	5,520	»
En prêts *sans intérêts*.	14,500	»

Somme égale. . . .   70,532 fr. 80 c.

Il ressort des chiffres indiqués dans notre premier rapport une contradiction apparente avec le détail des chiffres que nous vous donnons aujourd'hui ; il est bon d'éclaircir ce point obscur.

Notre premier rapport établissait qu'il avait été dépensé :

Pour le service des bibliothèques.	28,758 fr. 65 c.
Mais il restait dû aux fournisseurs.	11,322 30
Il n'avait donc été réellement payé que.	17,436 fr. 35 c.
Mais il restait un solde de.	198 45
Et ayant payé à nouveau.	34,461 75
Nous retrouvons bien le chiffre de.	52,096 fr. 55 c.

que nous indiquons aujourd'hui comme le total dépensé pour le service des bibliothèques.

Au 20 mai 1873, nous portons la dépense du culte et d'aumônerie, depuis l'origine, à.   .   7,278 fr. 25

Nous présentons cette fois cette dépense

pour.   10,586   35

Ensemble.   . .   17,864 fr. 60   17,864 fr. 60 c.

Nous avons en caisse un solde au 31 décembre de.   .   . 571   65

Nous retrouvons bien un total de. . . . . 70,532 fr. 80 c.

qui égale à la fois le montant de nos dépenses et celui des sommes reçues.

Maintenant donc, tous les fournisseurs sont intégralement payés. Les prêteurs des 14,500 fr., dont nous venons de parler, sont patients et désintéressés. Leur but a été de voir clair dans la position et d'amortir lentement le capital de fondation de l'Œuvre en la maintenant et la développant autant qu'il sera nécessaire et que vous leur en fournirez les moyens, mais sans dépasser désormais les ressources réalisées.

Puisque à l'avenir les frais du culte et d'aumônerie incomberont à l'État, toute notre attention sera concentrée : ,

Sur les achats de livres,

Sur les reliures ;

Sur l'éclairage des bibliothèques ;

Sur les fournitures de papeterie.

Pour le maintien de ce qui a été fait jusqu'à présent, il faut au moins 20,000 francs par année, c'est-à-dire, quatre cents souscripteurs à 50 francs.

Le chiffre *important* de notre souscription nous paraît plus digne dé son but : le *bien de l'armée*. En attendant que l'expérience nous démontre s'il est bon de le maintenir, ou de le modifier ; sachant avec quel zèle les dames françaises se dévouent à toutes les œuvres bonnes et généreuses, nous mettons sous leur patronage spécial des listes de souscription par dixièmes, dont nous inscrirons le total de 50 francs sous le nom de celles qui auront pu les compléter. De la sorte il deviendra possible à chacun de concourir, suivant ses moyens, à cette œuvre de religion et de patriotisme, qui, une fois plus connue, devrait attirer à elle tous ceux qui aiment encore notre belle patrie et qui savent que c'est par son armée que Dieu l'a toujours sauvée.

COMITÉ

DE

L'ŒUVRE DES BIBLIOTHÈQUES MILITAIRES

Dans les Forts et Casernes

POUR L'ARMÉE DE LYON

————— ◇ —————

SOUS LE PATRONAGE DE :

S. G. Mgr GINOULHIAC, Archevêque de Lyon.

S. G. Mgr l'Évêque de Belley.

S. G. Mgr l'Évêque de Grenoble.

S. G. Mgr l'Évêque d'Autun.

MEMBRES DU BUREAU

MM.

Président. . . . . AYNARD (THÉODORE), Ingénieur en chef honoraire des ponts et chaussées, quai Saint-Clair, 11.

Vice-Président. . . GIRAUD (ALBERT), Négociant, place Tholozan, 19.

MEMBRES DU BUREAU

— SUITE —

MM.

Secrétaire . . . . JACQUEMONT (Louis), ancien magistrat, rue Saint-Joseph, 12.

Économe. . . . . JARROSSON (Louis), Négociant, rue Puits-Gaillot, 5.

Trésorier. . . . . DEMOUSTIER (Romain), Agent de change, rue Gentil, 10.

MEMBRES DU COMITÉ

MM.

COTTIN (Joseph-Régis), Négociant, rue Saint-Dominique, 11.

BIZOT (Jules), Agent de change honoraire, rue de Lyon, 7.

COTTIN (Cyrille), Négociant, rue du Griffon, 8.

FAIDY-REVÉRONY, Négociant place Saint-Nizier, 2.

FARFOUILLON, Architecte, rue du Peyrat, 7.

JAILLARD (Pacôme), Négociant, rue Pizay, 16.

DE LACHESNAIS (E.), Propriétaire, place Perrache, 10.

MEAUDRE (Lodoïs), Magistrat, rue Simon-Maupin, 4.

PAYEN (Charles), Négociant, rue de l'Arbre-Sec, 9.

POIDEBARD (Georges), rue du Plat, 7.

RADISSON (Raymond), Négociant, rue de la Préfecture, 7.

RICHARD (François), Négociant, rue de la Préfecture, 7.

SABRAN (Émile), Négociant, place Tholozan, 19.

THÉVENIN (Antoine), Négociant, place Tholozan, 21.

THOMASSET (Mathieu), ancien Notaire, Administrateur des Hospices de Lyon, quai des Brotteaux, 22.

MEMBRES CORRESPONDANTS DU COMITÉ

MM.

D'ALLEMAGNE (PAUL), ancien Officier de cavalerie, à Belley.

BALLEIDIER, Président du tribunal de Gex, à Gex.

DE BOISSIEU (VICTOR), à Saint-Chamond.

DE PARSEVAL (FRÉDÉRIC), ancien Officier de cavalerie, à Mâcon.

DE SAINT-PULGENT, ancien Préfet, à Montbrison.

DE VALENCE (ERNEST), à Bourg.

BUREAUX ET MAGASINS DE L'ŒUVRE

5, PLACE DES CAPUCINS, 5

Ouverts les LUNDIS, MERCREDIS et VENDREDIS, de midi à trois heures.

NOMS DES SOUSCRIPTEURS

MM.

Audibert et Monin.
Adam (H.) et Cie.
Auvergne et Mollard.
Allard.
Aynard (Théodore).
Armand (Ch.).
Anginieur-Fleurdelix (Mme Vve).
Aubernon.
D'Arzac (*Dixièmes remis par* Mmes).
Armand (Mme).
D'Allemagne (Paul).

Bouchardier.
Bellon (Joseph).
Biollay.
Brosset (E.).
Blache et Cie.

MM.

Bardon et Ritton.
Bayard aîné.
Boirivant aîné.
Bourdelin et Laborde.
Bissuel.
Bizot (Jules).
Bonnet (C. J.) et Cie (petits-fils de).
Bonafos.
Berjon (A.).
Baboin (A.).
Bouchacourt (D^r).
de Bouchaud (Félix).
Brunet-Lecomte.
Bonnet (Louis).
Belmont (Augustin).
Burel (Mme).
Biolay.
Bonjour.

MM.

Brunet-Lecomte et Devillaine.
Bourg (Sous-comité de).
Bruneau.
Bonnet (J. F.).
Badoil (V.ᵛᵉ).
Biétrix-Zanzy.
Blanchard.
Bizot (Eugène).
Bizot (*Dixièmes remis par* M.ᵐᵉ Victor).
Brun (Paul).
Bonnet (Victor).
de Boissieu (Victor).
Besson (F.).
Bonne.
Bonnet fils.
Balleydier.

Champagne et Humbert.
Collin et Berger.
Crétinon-Belmont.
Chomer (Alexandre).
Chomer (Louis).
Charvériat, notaire.
Charvériat (P.).
Camel frères.
Casati (B. J.).
Cottin (Cyrille).
Contamin (M.ᵐᵉ).
Chenaux (M.ᵐᵉ).
Cottin (Joseph).
Chappet (Édouard).
Chavent aîné.

MM.

Casati-Brochier.
Cottin (*Dixièmes remis par* M.ᵐᵉ).
Colcombet, magistrat.
Charrin (Amédée).

Desgrand père et fils.
Desgrand (Louis).
Drevon aîné.
Desmarquet et Prénat.
Dugas (Prosper).
Desgeorge (F.) et C.ⁱᵉ.
Demoustier (R.), agent de change.
Desgaultière, agent de change.
Ducruet, notaire.
Dugueyt (C.).
Duplay-Balay.
Devillaine (Charles).
Droche et Robin.
Dugas (Henri).
Dugas (Victor).
Defond.
Dubost.
Descours (André).
Ducros (Joseph), préfet du Rhône.
Dufier.
Duc, père.
Duc, fils.
Dugas (A.).
Dupuy de Quérézieux.
Dupont.
Desgeorge.

Empaire frères.

MM.

Émery (Adrien).

Fichet (A.).
Ferrieu (J. A.).
Fougasse (Émile).
Franchet-Aynard.
Fournet.
Faidy (Augustin).
Forest (Pascal), agent de change.
Fayet (Mme).
Flory, avoué.
Faye et Thévenin.
Faucher (Victor).
Fayet.
Farfouillon.

Giraud (Albert).
Giraud (Victor).
Giraud (V^{re}).
Giraud (A.) et Cie.
Galle, aîné.
Guitton (Paul).
Gauthier (Jules) et Cie.
Gillet père et fils.
Gourd, Croizat et Dubost.
Gantillon.
Gauthier et Molade.
Guinon.
Galtier (Ennemond).
Garnier (Claude).
Giraud (P.).
Gex (Sous-comité de).
Guinet (A.).

MM.

Gaillard (O.).
Gacogne (Mme).
Guérin (C.).
Guigou et Cie.
Galle (Aimé).
Giraud (Mme Albert).
Guérin (Ferdinand).
Gauthier (Charles).
Gairal.
de Gatellier (Charles).
Genton.
Gindre (Claude),
Gourd (Joannès),
Génissieu (Charles).
Genin (Auguste).
Gourd (Henry).

Hardouin (Jacques).
Harent (*Dixièmes remis par* Mme).

Isaac.

Jacquier.
Jaillard (Joseph).
J. N.
Jacquemont (Louis).
Jourdan.
Jacquand.
Joannin.
Josserand (*Dixièmes remis par* Mme).
Joly.
Jandin.

MM.

Joannin (Mme).
Joubert Audra et Cie.
Jacquand (Mme).
Jarrosson (Louis).
Jaillard (Pacôme).

Lacroix (C.).
Lamy et Giraud.
Longin et Cie.
de Lestange (A.).
Lorrin, agent de change.
de Laval (Léon).
Limouzin.
Lavirotte (Alexandre), notaire.
Lempereur et Despiney.
Languinier.
Lacroix (Mme).
Lombard (Mme).
Lamaignère.
de Lachesnais.

Mollard et Guigou.
Michoud (Eugène).
Mathevon et Bouvard.
Million et Servier.
Monterrad.
Malmazet et Pirjantz.
Montessuy (A.).
Mombrun et Cie.
Meaudre (Louis).
Meaudre (Hugues).
Munet (Melchior).
Meyssonnier (Joseph).

MM.

Martin (Magloire).
de Montbrian (Vincent).
Moinat (Benoît).
Moret.
Martin (J. B.).
Mangini (Lucien).
Morand.
Montbrison (Sous-comité de).
Marnas (J. A.).
Maurel (Francisque).
M'Roë.
Madinier.
Mangini (Félix).
Michoud (Vve).
Martorelli et Cie.
Moutier (C.).
Martin et Dolbeau.
Monmartin.
Mouterde-Richard.

de Neuvesel (Melchior).
Neyron des Granges.

Osmon fils.
Office lyonnais.
Offant (Théophile).

Palluat (H.) et Testenoire.
Ponson et Cie.
Perrin, Revol et Sandoz.
Piotet (J. M.) et Cie.
Poncet père et fils.
Piaton et Bredin.

MM.

PEZIEUX (H.).
PUPIER.
PÉALAT (Louis).
PORTE (*Dixièmes remis par*).
POURCHET (Antonin).
POIDEBARD (Georges).
PRUNIER (Eugène).
PERRIN (*Dixièmes remis par* Mlle).
PLACE.
PUY (B.).
PEYRAUD (*Dixièmes remis par* Mme).
PERROT.
PLASSON (Émile).
PLASSE, (l'abbé).
PAYEN (Louis).
PAYEN (Charles).
DE PARSEVAL (Frédéric).
QUINSON (F).

RAVIER, CHANU et SAUZION.
ROQUE et Cie.
ROUX (Henri).
ROSSET.
REYMOND (F.).
ROUX-GARDELLE (André).
RICHARD (Antoine).
REVÉRONY (Vve).
REYNAUD (C.).
RENARD, VILLET et BUNAND.
REY jeune.
RUBY.
RAMBAUD-BERLOTY.

MM.

RIEUSSEC.
RICHARD-RADISSON et Cie.
RICHARD (Mgr,) évêque de Belley.
ROQUE (Michel).
RIBOLLET (Henri).
RAYNAUD (Mme).

SERVAN (Alphée).
DE SAINT-VICTOR.
SERVAN (Florentin).
SAVIGNY et BUNAND.
SEGUIN (Paul).
SERULLAZ, agent de change.
SIAUD (E.).
SAINT-CHAMOND (par V. de Boissieu).
SOULIER (Charles).
SANDIER-DUGAS.
SERRE (Vincent).
SERRE (Félix).
SAUVAGE DE SAINT-MARC (René).
SIVOUX (Mme).
SOCIÉTÉ DES DONS A L'ARMÉE.
DE SAINT-PULGENT.

THOLLON (Victor).
TRAPADOUX frères.
TAPISSIER fils et DEBRY.
TRÉVOUX frères.
TROLLIET (Félix).
TROUBAT (V.).
TABARD (Benoît) et Cie.
THOMAS, agent de change.
TOROMBERT (Vve).

MM.

THOMASSET (Joseph).
DE TRICAUD (Léopold).
TEISSIER (D^r).
TALON fils.
TABARD (Antony).
THIOLLIÈRE DE L'ISLE.
DE TRICAUD (Gustave).
TAVERNIER (Hippolyte).
TREYVOUX, LESNE et Cie.
THEVENET et ROUX.
TAVERNIER (Jean).
TRESCA et Cie.

MM.

TRESCA fils.
TREPPOZ (Mme).
THÉVENIN (Antoine).

VIGNET frères.
VIBERT (H.).
VIGNON (Jules).
DE VAUGELAS (Vincent).
VIDAL-GALLINE.
VINDRY neveu.
DE VALENCE (Ernest).